Book Review

THE 4-HOUR WEEK

Analiza i podsumowanie na podstawie książki autorstwa Timothy Ferris

50MINUTES.com

Book Review

THE 4-HOUR WEEK

Analiza i podsumowanie na podstawie
książki autorstwa Timothy Ferris

napisany przez Anastasia Samygin-Cherkaoui
przetłumaczony przez Kâmil Kowalski

50MINUTES.com

THE 4-HOUR WEEK

WSZYSTKO W 4 GODZINY!

W swoim bestsellerze Timothy Ferriss dzieli się swoim osobistym doświadczeniem, aby zaoferować, co nie jest zaskakujące, jeśli weźmiemy pod uwagę tytuł książki, krytykę wartości pracy, gdy praca jest równoznaczna z bólem, stresem, alienacją, itp. Pod tym względem jego wizja zbliża się do wizji Paula Lafargue'a (francuski socjalistyczny polityk i pisarz, 1842-1911): postęp – techniczny dla Lafargue'a i technologiczny dla Ferrissa – jest przedstawiany pozytywnie, ponieważ jest wykorzystywany jako narzędzie wyzwolenia: wyzwolenia robotników dla Lafargue'a, osobistego wyzwolenia dla Ferrissa.

To powiedziawszy, paralela z Paulem Lafargue i jego *The Right to be Lazy* (1880) zatrzymuje się tutaj, ponieważ w przeciwieństwie do zięcia Karola Marksa, Timothy Ferriss nie jest ideologiem. Nie podaje żadnej krytyki ekonomicznej czy społecznej. Co więcej, nie oferuje praktycznie żadnej krytyki w ogóle. Ferriss po prostu przedstawia swoje doświadczenia i wyjaśnia, jak jego metoda, która dla niego była gwarancją sukcesu, może zostać rozszerzona i przyjęta – w całości lub częściowo – przez innych, aby ułatwić sobie życie przy zachowaniu lub nawet zwiększeniu zasobów finansowych.

Referencje: Ferriss, T. (2007) *The 4-Hour Workweek. Escape the 9-5, Live Anywhere and Join the New Rich.* USA: Crown Publishing.

Wydanie pierwsze: 2007 r.

Autor: Timothy Ferris (amerykański autor, przedsiębiorca, inwestor i mówca, urodzony w East Hampton w stanie Nowy Jork w USA w 1977 roku).

Konteksty: Nowe technologie informacyjne i komunikacyjne, przedsiębiorczość, rozwój osobisty.

Słowa kluczowe:

- <u>Rozwój osobisty</u>: praktyka wywodząca się z filozofii starożytnej i psychologii humanistycznej, której celem jest, jak sama nazwa wskazuje, samorealizacja;

- <u>Technologie informacyjne i komunikacyjne (ICT)</u>: w swojej najbardziej podstawowej definicji są to komputery i urządzenia techniczne służące do przekazywania informacji i komunikacji na odległość. W rozszerzeniu jest to nie tylko wykorzystanie tych środków technicznych, ale także ich praktyczne rozwinięcie (w tym aplikacje do tworzenia sieci społecznych i komunikacji w czasie rzeczywistym);

- <u>Optymalizacja</u>: jak uzyskać więcej (pieniędzy, przyjemności, satysfakcji itp.) przy użyciu mniejszej ilości (zasobów). Takie znaczenie nadał Tim Ferriss Zasadzie Pareto, która mówi, że 80% efektów (czyli satysfakcji) pochodzi z 20% przyczyn (czyli zasobów).

- <u>Outsourcing</u>: przekazanie całości lub części swojej pracy partnerowi zewnętrznemu. W przypadku Tima Ferrissa outsourcing może być nawet wirtualny, w tym sensie, że nie ma on bezpośredniego kontaktu ze swoimi "asystentami".

KONTEKST

AUTOR

Timothy Ferriss urodził się 20 lipca 1977 roku. Dorastał w East Hampton w stanie Nowy Jork. Po spędzeniu pewnego czasu na studiowaniu neuronauki, w końcu studiował cywilizacje wschodnie na Uniwersytecie Princeton i ukończył studia wschodnioazjatyckie.

Następnie rozpoczął pracę w firmie zajmującej się przechowywaniem danych. Szybko niezadowolony z pracy, stworzył własną firmę Brain Quicken, która zajmuje się internetową sprzedażą suplementów diety, mających na celu zwiększenie wydajności mózgu. W tym czasie zażywał również sterydy i testosteron (będąc pod nadzorem medycznym).

Następnie prowadził szereg działań jako przedsiębiorca i inwestor, głównie w start-upach. Na podstawie własnych doświadczeń rozwinął podejście do samorealizacji i realizacji działań i celów poprzez wykorzystanie outsourcingu i delegowania. To z kolei doprowadziło do rozwoju części formatywnej w jego działalności, z dostarczaniem kursów edukacyjnych, prowadzeniu programu telewizyjnego i wydawaniem filmów online, wszystko dostępne za pośrednictwem jego bloga.

Należy też wspomnieć o jego fascynacji rekordami i sportem: jest rekordzistą świata w największej liczbie obrotów tanga wykonanych w czasie krótszym niż minuta, a w 1999 roku zdobył złoty medal w Sanda (chińska sztuka walki). Jego zwycięstwo, choć nie zostało formalnie zakwestionowane, było jednak przedmiotem kontrowersji, gdyż autor przyznał się do silnego odwodnienia przed ważeniem, aby startować w niższej kategorii wagowej. Dodatkowo wykorzystał niuans w zasadach, dzięki któremu wszystkie swoje walki wygrał przez nokaut. Jego technika: zamiast zwycięstwa uzyskanego przez sam fakt wyniku sportowego, dbał o to, by jego przeciwnicy zostali wytrąceni ze strefy walki i tym samym wyeliminowani. Według niego te praktyki są dziś powszechne.

KONTEKST I KONCEPCJA

Wynikając z trendu związanego z nowymi technologiami, przedsiębiorczością i samorealizacją, sam Timothy Ferriss reprezentuje wiele obszarów rozwoju osobistego, rozumianego od lat 70-tych.

Rozwój osobisty jest wynikiem ruchu wyzwolenia, w latach sześćdziesiątych i siedemdziesiątych, z dominujących do tego czasu struktur zawodowych, rodzinnych czy religijnych. Dla jednostki oznacza ustanowienie siebie liderem własnego życia, z wiarą w siebie i wolą emancypacyjną. Pojawił się wówczas ruch hipisowski i moda na "alternatywne" duchowości (orientalne, indiańskie, rdzennie amerykańskie), a także nurty bardziej teoretyczne. Stamtąd wywodzi się Szkoła z Palo Alto, której teorie koncentrowały się na komunikacji i relacjach między jednostką a jej środowiskiem, a także takie kierunki jak NLP (neurolingwistyczne programowanie), które dodatkowo włączają wymiar zmiany i rozwoju osobistego.

STRESZCZENIE KSIĄŻKI "4-GODZINNY TYDZIEŃ PRACY"

PODSUMOWANIE

Na podstawie własnych doświadczeń Tim Ferriss opracowuje zestaw zaleceń (nie możemy ich jeszcze nazwać teoriami) dotyczących poprawy efektywności zawodowej. Ogólnie rzecz biorąc, poprawa ta składa się z trzech etapów.

Eliminacja

Pierwszym krokiem jest całkowite usunięcie ze swojej agendy czasochłonnych zadań, które nic (lub prawie nic) nie dają. Wśród zadań do wyeliminowania: większość spotkań. Według Ferrissa spotkanie musi mieć czas rozpoczęcia, czas zakończenia I konkretny cel (musi doprowadzić do podjęcia decyzji). Mając na uwadze, że duża liczba spotkań jest w jego oczach bezużyteczna, wymyka się z nich, twierdząc, że ma ważne zadanie do wykonania lub pilną pracę do skończenia, i wybiera przedstawiciela, który weźmie za niego udział w spotkaniu i zrelacjonuje jego treść.

Zaleca też wyeliminowanie różnych informacji. Odłączenie się, nie tylko od swoich maili, ale także różnych stron z wiadomościami, oglądania wiadomości w telewizji, śledzenia ich w radiu itp. Dla niego to generalnie nic innego jak zmarnowany czas. Inni mogą, bez problemu, otrzymać zadanie streszczenia tych informacji w ciągu kilku sekund, w odpowiedzi na pytanie: "Co nowego w świecie?". Dla autora wszystko, co nie jest związane z równoczesną działalnością, jest bezużyteczne. Przejście do meritum oznacza wyeliminowanie tego, co zbędne. To właśnie nazywa on "selektywną ignorancją".

 ## SELEKTYWNA IGNORANCJA

Autor nie zachęca nas do tego, byśmy stracili zainteresowanie wszystkim i przestali być informowani. W ramach działalności "zawodowej", której celem jest ograniczenie stresu i maksymalizacja zysków, radzi po prostu, by zakreślić linię pod tym, co nam przeszkadza lub marnuje czas, czyli krótko mówiąc, wszystkim, co nie pozwala nam przejść od razu do rzeczy. Nic nie stoi też na przeszkodzie, by przyjąć tę praktykę w odniesieniu do czynności wykonywanych w czasie wolnym (na przykład czytanie książki zamiast czasopisma lub oglądanie filmu artystycznego zamiast wielogodzinnego bezmyślnego wpatrywania się w telewizor).

Eliminuje też rozproszenia: natręctwa, pytania itp. Miej jednak świadomość, że zamiast nie odpowiadać lub konsekwentnie mówić, że jest niedostępny, prosił swoich rozmówców o pośpiech. "Be brief, I'm busy" stało się jego hasłem, zmuszającym ich do przejścia do sedna sprawy i konsekwentnego pytania tylko o to, czego nie byli w stanie rozwiązać w inny sposób.

Zamierza jeszcze bardziej zniechęcić tych, którzy wchodzą mu w drogę, dręcząc ich w odpowiedzi. Wyjaśnia, że za każdym razem, gdy podczas studiów jego praca nie została oceniona tak wysoko, jak się spodziewał, podejmował działania: znajdował asystenta, który był odpowiedzialny za jego ocenę i bombardował go pytaniami tak długo, jak mógł. Cel: następnym razem pomyśleliby dwa razy, zanim byliby surowi (lub nawet byliby skłonni być hojni). Po przeczytaniu książki można jednak zakwestionować trafność lub skuteczność tej strategii, w przypadku gdyby osoba ta zareagowała albo sprzeciwem o niezwykle krótkim czasie reakcji ("Bądź krótki, jestem zajęty"), albo spowodowała w odpowiedzi jeszcze większe obciążenie pracą, inicjując błędne koło.

Automatyka

Drugim z zaleceń Tima Ferrissa jest usprawnianie lub automatyzacja: grupowanie zleceń, wykonywanie pracy raz, czytanie maili tylko raz lub dwa razy dziennie, potem raz na tydzień itd. Co więcej, radzi nawet opóźniać wysyłanie swoich maili, aby do następnego dnia nie otrzymywać żadnych nowych próśb lub odpowiedzi, którym towarzyszy seria pytań! Zachęca nas do tego samego z rozmowami telefonicznymi: nie odbierać i notować je tylko raz lub dwa razy dziennie. Kolejna ważna wskazówka: zakupy i płatności online będą dokonywane raz na tydzień lub rzadziej.

👁 KONKRETNY PRZYKŁAD RACJONALIZACJI

Mam pomysł na wprowadzenie na rynek produktu lub usługi. Aby go zrealizować, potrzebuję 50 000 funtów. Aby go uruchomić, mogę zebrać od 5 000 do 50 000 osób, prosząc je o przekazanie mi od 1 do 10 funtów. Jest to wykonalne, ale zajmie mi to całą wieczność.

Mogę również zaprezentować swój produkt (lub usługę) w korzystny sposób i zwrócić się bezpośrednio do tych, których może to dotyczyć, prosząc o crowdfunding z minimalną stawką początkową w wysokości 100 funtów. Musiałbym dotrzeć do nie więcej niż 500 osób, które tworzyłyby moją pierwszą "księgę zamówień" i które, jak sądzę, będą również w ukierunkowanym kręgu promować mój produkt, pod warunkiem, że będą zainteresowane, jako początkowy inwestor, jego funkcjonowaniem.

Wyzwolenie

Autor w dużej mierze polega na outsourcingu, głównie w przypadku "ciężkich" czynności lub takich, do których nie posiada wszystkich niezbędnych umiejętności. Ktoś inny będzie lepszy i będzie kosztował mniej, co zostawia mu wolny czas na coś, w czym jest lepszy i co jest dla niego więcej warte.

Tutaj Tim Ferriss korzysta z zespołu asystentów, wszystkich wirtualnych. Pracują oni dla uznanych platform, unikając kłopotów związanych z chwilową niedyspozycją asystenta czy poufnością przesyłanych danych.

Te duże platformy dysponują nie tylko większymi zasobami (technologicznymi i ludzkimi), ale także proponują
ścisłe umowy, potencjalnie bardziej wiarygodne i restryk-
cyjne (dla zleceniobiorcy) niż "początkujący" lub mniej
rozpoznawalni. Według Ferrissa należy powierzyć nie-
wielką liczbę zadań jednocześnie (jedno lub dwa) do
wykonania w krótkim czasie (24-48 godzin) i prosić o
regularne raporty okresowe (np. na koniec dnia lub rano),
a także szczegóły dotyczące wykonanych podzadań.

To powiedziawszy, outsourcing i delegowanie nie muszą
być wirtualne. Dyrektor generalny może tak dobrze zor-
ganizować swoją pracę, że poprzez zasady operacyjne
pracownicy (lub zewnętrzni dostawcy usług) są w stanie rozwiązać większość problemów. Można więc ogra-
niczyć swoją obecność w biurze i zarządzać firmą
zdalnie, ponieważ większość działań jest napędzana
przez procesy, a nie przez dyrektora.

 "MUZA" FERRISSA

Te trzy zasady zrodziły się z pojęcia "muza". Słowo to,
wywodzące się z mitologii greckiej, określa działal-
ność artystyczną lub (i to najczęściej) wcielenie inspi-
racji. U Ferrissa muza, w gruncie rzeczy niematerialna,
to pomysł, który po przekształceniu w biznes będzie
pasywnie generował dochody. W pewnym sensie jest
to zwieńczenie jego metody.

Wybór sektora

Po przyswojeniu tych zasad, w odniesieniu do rozwoju "nowych" działań, Ferriss kładzie nacisk na dokładną znajomość branży i grupy docelowej. I tak, będąc na uniwersytecie, odniósł duży sukces, kierując się do studentów i ujawniając metodę poprawy ich szybkości czytania. Jednak jego taśma dla doradców zawodowych nie spotkała się z entuzjazmem, ponieważ sam nie był doradcą i nie miał doświadczenia w tej pracy.

KLUCZOWE POJĘCIA

Praca i wartość pracy

Dlaczego pracujemy? Etymologia słowa "praca" odzwierciedla związane z nią pojęcie presji: gdybym mógł – czasem – wybrać swoją pracę, nie zdecydowałbym się na pracę. Jednak ten imperatyw jest, według Hegla (niemiecki filozof, 1770-1831), dokładnie tym, co czyni nas ludźmi: praca jest wyzwalająca ze względu na podwójną transformację, którą wywołuje, a mianowicie, po pierwsze, przekształcenie natury, aby zaspokoić nasze potrzeby; a po drugie, transformacja naszej ludzkiej natury następująca po tym pierwszym kroku. Marks (niemiecki historyk, filozof i ekonomista, 1818-1883) powtarza ten pogląd, mówiąc, że człowiek humanizuje naturę, uzyskując w ten sposób dostęp do własnego człowieczeństwa.

Wartość pracy i robotnika odnajdujemy w propagandzie stachanowizmu – w odniesieniu do Aleksieja Stachanowa

(1906-1977), rosyjskiego górnika, który bił rekordy wydajności – czy w słowach "Arbeit macht frei" ("Praca czyni wolnym"), zaczerpniętych z tytułowej książki Lorenza Diefenbacha (niemieckiego filologa i leksykografa, 1806-1883), w której bohaterowie znajdują odkupienie poprzez pracę.

Ta koncepcja pracy jako zabezpieczenia przed wadami egzystencji jest również podobna do tej z *Kandyda* (1759) Woltera (pisarz francuski, 1694-1778), który przedstawia pracę jako sposób na uniknięcie nudy, przywar i potrzeb.

Pomimo tych wszystkich korzyści, jak również wkładu w postaci praw, wynagrodzenia, uznania, poczucia celu, integracji społecznej i ochrony w odniesieniu do przyszłości, praca jest również krytykowana przez Nietzschego (niemiecki filozof, 1844-1900) jako najlepszy sposób na stłumienie indywidualności pracownika, poprzez jego podporządkowanie. Według niemieckiego myśliciela za niewolnika należy uznać tego, kto nie ma dla siebie dwóch trzecich dnia. Tutaj znajdujemy różnicę między wypoczynkiem a bezczynnością, czasem poświęconym dla dobra kultury, piękna, wymiany itp. według idei zaobserwowanych przez Keynesa (brytyjski ekonomista, 1883-1946). Keynes chciał, aby przez całe stulecie rozwijała się utopijna wizja, w której ekonomia stanie się nauką drugorzędną, a wraz z nią niepohamowana pogoń za bogactwem i rentownością. W tym lepszym świecie, do którego aspirował, sztuka i kultura zajmowały ważne miejsce.

Jeśli chodzi o wartość pracy, oznacza to obliczanie wartości produktu na podstawie ilości pracy (bezpośredniej i pośredniej) wymaganej do jego wytworzenia.

W porównaniu z tymi definicjami, wbrew temu, co może sugerować tytuł książki, Timothy Ferriss nie postuluje ograniczenia czasu pracy. Sam przyznaje, że tytuł został wybrany przede wszystkim ze względów marketingowych i ma on nie tyle zachęcać do tego, by pracować mniej, co raczej pracować inaczej.

Outsourcing

To niemal mantra dla Ferrissa: zleć na zewnątrz to, co cię obciąża lub co inni mogą zrobić lepiej i taniej. Dla niego wyraźnie bardziej istotne, ale i bardziej opłacalne jest poleganie na swoich zaletach i outsourcing słabości. Ilustruje to przykładem: łatwiej jest dostarczyć jedną 10 niż pięć 8.

Zasada Pareto

Zasada Pareto jest wynikiem obserwacji włoskiego ekonomisty Vilfredo Pareto (1848-1923), zgodnie z którą 80% włoskich nieruchomości jest własnością 20% populacji. Przez rozszerzenie tej zasady wywnioskowano, że w wielu dziedzinach 80% produktów (lub wyjść) jest wytwarzanych przez 20% zasobów (lub wejść). Zasada ta ma zastosowanie w wielu dziedzinach i zapewnia lepszy wgląd w zarządzanie priorytetami: jeśli 80% obrotów firmy pochodzi od 20% klientów, powinna ona skupić się na nich. Utracony klient, który nie przynosi nic lub prawie nic, nie jest ostatecznie ważny. Jeśli 80% moich dochodów generuje tylko 20% mojej pracy, powinienem skupić się na tych punktach – dlatego resztę powinienem zlecić (lub wyeliminować) na zewnątrz. Podobnie, jeśli 80% mojej satysfakcji pochodzi z 20% moich działań, również mogę outsourcować lub porzucić te, które dają mi ostatecznie więcej kłopotów lub komplikacji niż zadowolenia.

Prawo Parkinsona

Prawo Parkinsona opisuje rodzaj efektu kuli śnieżnej zastosowany w organizacji pracy. Zgodnie z tą zasadą, czas poświęcony na wykonanie danej pracy wzrasta, by zająć cały przeznaczony na nią czas. Praca staje się bardziej złożona poprzez mnożenie podzadań realizowanych dla jej wykonania z jednej strony, jak również poprzez równoległe mnożenie aktorów lub współtwórców.

Prawo to jest podobne do prawa Ferrissa szczególnie w zakresie utraty czasu "społecznego", czasu spędzanego na spotkaniach, odpowiedzi na maile, które muszą być wysyłane "w czasie rzeczywistym" oraz braku autonomii niektórych pracowników. Ferriss zachęca nas do przeciwdziałania temu prawu poprzez stosowanie trzech zasad (eliminuj, usprawniaj, zlecaj). To również w celu walki z tym prawem podkreśla niezbędną precyzję warunków każdej pracy zlecanej innym: dokładnie jakie zadania i w jakim czasie?

WPŁYW PRACY

Chociaż autor był nieznany opinii publicznej przed opublikowaniem *The 4-Hour Workweek*, książka ta stała się bestsellerem po jej wydaniu, według *New York Times*, *Wall Street Journal* i *Business Week*, głównie dzięki aktywnej promocji przez blogerów, z którymi Tim Ferriss był związany; technika, która przyniosła mu wiele nagród.

Od momentu opublikowania swojego dzieła autor jest odtąd uważany za swoistego guru. Znaczenie jego osobowości podkreśliło określenie "The Tim Ferriss Effect", zapoczątkowane przez amerykańskiego pisarza Michaela Ellsberga (ur. 1977), po tym jak komentarz do jego książki zamieszczony na blogu Ferrissa spowodował, według niego, większy wzrost sprzedaży niż mógłby to zrobić "artykuł w *New York Timesie* i 3 minuty w CNN". Bez wątpienia jest on charyzmatyczny. Punktem wyjścia dla jego książki jest również jego kariera oraz refleksja nad swoimi pragnieniami i możliwościami. Jego podejście i zalecenia są więc oparte na historiach z życia, najpierw jego, potem innych.

KRYTYKA JEGO PODEJŚCIA

Chociaż stawia pytanie o wczesny sens posiadania lub działania, jedno z najbardziej oczywistych ograniczeń struktury leży w wyeksponowaniu osobowości i indywidualizmu przedsiębiorcy, bez roszczenia sobie prawa do jakiejkolwiek ideologii. Nie jest to kwestia odpowiedzialności społecznej czy środowiskowej; chociaż podejścia te mogą interweniować, wynika to z charakteru przedsiębiorcy, a nie z natury podejścia. Jest to dalekie od "pozytywnej" definicji inwestora, jaką przedstawiłby Keynes (odróżnia on inwestora od rentiera).

Dlatego autor zaleca sprzedawanie drogich produktów, kierując je do ograniczonej klienteli osób zamożnych. Dla niego ma to zalety: ograniczona klientela oznacza monitoring i mniejsze obciążenie pracą; zamożna klientela oznacza mniej zmartwień o płatności; wyższa cena sprzedaży oznacza wyższą marżę, która zapewnia gotówkę na ewentualne niepowodzenia. Ponadto, kiedy mówi o wysokiej marży, ma na myśli cenę sprzedaży 8 do 10 razy wyższą niż koszt produktu!

Zalecenia te opiera jednak na muzie, która jest jeszcze bardziej skuteczna, gdy jest wykonywana w środowisku ekonomicznym, w którym konkurencja jest słaba. To właśnie w takim środowisku doprowadził do powstania podstaw swoich doświadczeń z substancjami zwiększającymi wydajność. Mimo to, w przypadku serii produktów lub usług, taki margines może wydawać się nie do utrzymania. Na przykład wspomina o artykule amerykańskiego dziennikarza i autora, AJ Jacobsa, zatytułowanym "My Outsourced Life". Jacobs pracuje głównie w domu i zleca na zewnątrz znaczną część swojej pracy, a mianowicie badania dokumentów i pisanie streszczeń. Wyobraźmy sobie teraz, że belgijski dziennikarz freelancer otrzymuje cenę brutto 1,09 funta za linijkę o długości 60 znaków. Artykuł o objętości 1000-1200 znaków (około dwóch stron A4) zarobi dla niego 18-22 funty. Czy naprawdę jest jakaś korzyść finansowa z tego, że zleca pracę na zewnątrz? Ale wtedy ma już nazwisko, które sprzedaje się samo.

Autor jest również podejrzewany o zachęcanie do oszukiwania, aspekt ten znalazł się w jego zwycięstwie w Sandzie w 1999 roku. W swojej książce mówi również, że "wszystkie zasady można obejść lub naruszyć, nie stając się oszustem". Akcentując tę cechę, Ferriss nie waha się udzielać rad, które są bardziej kwestią "sofistycznych żartów" niż autentycznych zaleceń. I tak, aby uniknąć utraty bagażu, radzi amerykańskim podróżnym, by włożyli do walizki ręczny pistolet bez amunicji. Po jej wykryciu bagaż zostanie oznakowany i służby bezpieczeństwa zwrócą na niego szczególną uwagę, co oznacza, że się nie zgubi.

Ferriss również w dużej mierze opiera się na natychmiastowości i symultaniczności. To także jedno z ograniczeń "selektywnej niewiedzy": co z całą wiedzą, którą nabywamy z informacji, które słyszymy, czytamy, widzimy, a którą uznamy za przydatną dopiero później, w istocie korelując z innymi? Czy jego podejście nie prowadzi do zbytniego rozczłonkowania wiedzy, podczas gdy każdy powinien przyswoić sobie minimum wiedzy niezbędnej do jego aktualnych działań? Tymczasem wyszczególnione przez niego sztuczki, jak w cztery tygodnie stać się ekspertem w dowolnym temacie, zagłębiając się tylko w pewne jego aspekty, by móc o nim mówić, naciągając kogoś na oczy, są raczej dowodem na bezsens, mimo że kończy ten fragment "przedstawianiem

prawdy w najlepszym wydaniu, nie wymyślonej od zera
– to zasada gry".

Blog autora skupia się na rozwoju osobistym, czy to siły psychicznej, czy też przesuwaniu fizycznych granic ciała, ale w bardzo dramatyczny sposób; można by go niemal określić jako inscenizację. I tak, jeden z najpopularniejszych postów porusza kwestię ekstremalnego odwodnienia (*"How to Lose 20-30 Pounds In 5 Days: The Extreme Weight Cutting and Rehydration Secrets of UFC Fighters"*). Inny post pokazuje autora w towarzystwie jednego z czytelników, któremu dzięki jego radom udało się przejść z męczącej pracy do pracy kreatywnej (*"Whitney Cummings on Turning Pain into Creativity"*). Każdy rozdział odsyła do plików audio i wideo programu Tima Ferrissa, podcastu zawierającego wywiady z osobistościami odnoszącymi sukcesy w swojej dziedzinie.

Z pewnością zawsze otrzymujemy konkretne prezentacje, czy przeżyte doświadczenia. Jednak ogólnie praca pozostaje niezwykle egocentryczna i autoreferencyjna, z brakiem perspektywy.

Zauważ, że w internecie książka nie jest określana jako książka z zakresu zarządzania czy ekonomii. Recenzje, niezależnie od tego czy chwalą czy krytykują, często skupiają się bardziej na osobowości autora i marketingu niż na rozważaniach ekonomicznych i teoretycznych. Na stronie internetowej *New York Timesa* artykuł "The World According to Tim Ferriss" znajduje się nawet w dziale "Fashion & Style"!

ROZSZERZENIA I PODOBNE PODEJŚCIA

Podejście Timothy'ego Ferrissa jest czymś w rodzaju przeglądu różnych trendów z zakresu rozwoju osobistego, a także zarządzania i outsourcingu. W tym sensie książka łączy aktualne trendy dotyczące spersonalizowanego coachingu.

To powiedziawszy, biorąc pod uwagę, że Tim Ferriss nie przedstawia się jako eseista czy teoretyk – a to chyba nie jest jego ambicją – nie stoi za oryginalnym nurtem teoretycznym, który czerpałby z metody opracowanej według jego rad. Tim Ferriss opiera prace na własnych doświadczeniach oraz na relacjach osób, które zastosowały jego rady. Są to więc w większości "historie z życia wzięte", przyjmowane na zasadzie face value, czyli bez formalnej perspektywy teoretycznej czy pogłębionej analizy, którą można znaleźć w szerszym pojęciu rozwoju osobistego. Jego książka jest z pewnością bestsellerem i ma wielu zwolenników, zwłaszcza w internecie, ale nie może mówić o prawdziwym ruchu myśli. Udało mu się odnieść sukces. Wiele osób kupiło jego książki. Wielu też stosuje się do jego rad. Z pewnością zmienił życie niektórych, dla których będzie przed i po. Jednak poza tym sukcesem nadal nie można mówić o wprowadzeniu w życie rewolucji na dużą skalę.

- Doskonałość: Timothy Ferris na podstawie własnych doświadczeń stwierdza, że teoretycznie nierealne cele są łatwiejsze do osiągnięcia, niż cele realistyczne. Na szczycie konkurencja jest niska, natomiast wśród "przeciętnych" rywalizacja jest ostra. Rozwija swoje punkty doskonałości w osiąganiu celów, a nawet ich przekraczaniu. Inne aspekty pracy, które nie są związane z mocnymi stronami lub transcendencją, muszą być zlecane na zewnątrz.

- Outsourcing: istotna część tego outsourcingu odbywa się poprzez nowe technologie i stosowanie zautomatyzowanych zadań, uwalniając czas, a następnie, po wprowadzeniu koncepcji muzy, musi prowadzić do zautomatyzowania przychodów.

- Przechodząc do rzeczy: aby zmaksymalizować czas poświęcony na pracę, Tim Ferriss zaleca również wyeliminowanie dodatkowych słabości, wszystkiego, co zabiera czas, a przynosi niewielkie lub żadne korzyści. Ignorowanie informacji to jeden z aspektów, podobnie jak ograniczanie w miarę możliwości liczby i czasu trwania spotkań, odkładanie na później odbierania telefonów czy e-maili itp. Krótko mówiąc, chce poświęcić się całkowicie swojej pracy, w której jest dobry, z jak najmniejszą ilością ograniczeń.

- Koncepcja pracy: ostatecznie koncepcja pracy ulega zmianie. Autor zaleca po pierwsze zarządzanie zasobami w zakresie rzeczy, które robimy dobrze, co zlecamy na zewnątrz i delegujemy, a po drugie optymalizację i poszerzanie wiedzy i umiejętności. Niektóre z naszych codziennych zadań nie są już uważane za pracę - na przykład udzielanie wywiadów - ponieważ czynność ta jest wykonywana dla siebie, bez przymusu.

DALSZE CZYTANIE

BIBLIOGRAFIA

Bruni, F. (2012) "Individualism in Overdrive". *New York Times.* [Online]. [Dostęp 15 luty 2016]. Dostępny w: < http://www.nytimes.com/2012/07/17/opinion/bruni-individualism-in-overdrive.html>.

Ferriss, T. *The 4-Hour Workweek.* [Blog]. Dostępny w: < http://fourhourworkweek.com/>

Ferriss, T. (2013) How To Lose 20-30 Pounds In 5 Days: The Extreme Weight Cutting and Rehydration Secrets of UFC Fighters. *The 4- Hour Workweek.* [Online]. [Dostęp 15 luty 2016]. Dostępny w: < http://fourhourworkweek.com/2013/05/06/how-to-cut-weight-ufc/>.

Ferriss, T. (2007) *The 4-Hour Workweek. Uciekaj od 9-5, żyj gdziekolwiek i dołącz do nowych bogaczy.* USA: Crown Publishing.

Ferriss, T. (2015) Whitney Cummings on Turning Pain Into Creativity. *The 4- Hour Workweek.* [Online]. [Dostęp 15 luty 2016]. Dostępny w: < http://fourhourworkweek.com/2015/06/26/whitney-cummings/>

Roland, O. (bez daty) Interview de Tim Ferriss : la vérité sur La semaine de 4 heures. *Blogueur pro.* [Online]. [Dostęp 15 luty 2016]. Dostępny w: < http://blogueur-pro.com/tim-ferris>

Rosenbloom, S. (2011) The World According to Tim Ferriss. *New York Times.* [Online]. [Dostęp 15 luty 2016]. Dostępny w: < http://www.nytimes.com/2011/03/27/fashion/27Ferris.html>

DODATKOWE ŹRÓDŁA

Bakan, J. (2005) *The Corporation. The Pathological Pursuit of Profit and Power.* New York: Free Press.

FILMY I DOKUMENTY

Korporacja. (2003) [Dokument]. Jennifer Abbott i Mark Achbar. Dirs. Canada: Zeitgeist Films.

Chcemy usłyszeć od Ciebie, co się dzieje!
Zostaw komentarz na temat swojej internetowej biblioteki
i podziel się swoimi ulubionymi książkami w mediach społecznościowych!

IMPROVE YOUR GENERAL KNOWLEDGE

IN THE BLINK OF AN EYE!

www.50minutes.com

Wydawca zapewnia o wiarygodności publikowanych informacji, co jednak nie może wiązać się z jego odpowiedzialnością.

Master ISBN : 9782808066624
Papierowy ISBN : 9782808099875
Depozyt prawny: D/2022/12603/162

Projekt cyfrowy: Primento - cyfrowy partner wydawców.